Helga Setz

99 SPEZIALITÄTEN AUS ÖSTERREICHS KÜCHE

Helga Setz

99 Spezialitäten aus Österreichs Küche

VERLAG JOHANNES HEYN

1.–10. Tausend 1989
11.–15. Tausend 1994
16.–20. Tausend 1996
21.–25. Tausend 2000
26.–30. Tausend 2004
31.–34. Tausend 2010

Klagenfurt, 2010
Gesamtherstellung: Druckerei Theiss GmbH, A-9431 St. Stefan
ISBN 978-3-85366-578-7

Ein Wort zuvor

Die Österreichische Küche ist sehr vielfältig — ein Erbe der einstigen, großen Donaumonarchie. In den Bundesländern gibt es eine bodenständige Tradition. Die Bevölkerung war nicht gerade wohlhabend und mußte davon leben, was die sie umgebende Natur ihr bot. Diese Speisen sind deshalb meist sehr einfach, wohlschmeckend, sättigend, billig, und was heute von Interesse ist, sie entsprechen den Forderungen nach einer richtigen »gesunden« Kost.

Anders in den größeren Städten. Hier bestand immer ein reger Austausch mit anderen Ländern. Vor allem in Wien strebte alles aus den Kronländern zusammen. Hier gab es wohlhabende Leute. Die konnten sich teure Lebensmittel leisten und die Zubereitung der Speisen wurde raffinierter. Man konnte auch den Gaumen verwöhnen. Viele gute Gerichte haben sich so in Österreich eingebürgert und angepaßt. Sie gehören heute zum festen Bestandteil der Österreichischen Küche.

Mit diesem kleinen Büchlein wurde versucht, eine bescheidene Auswahl typisch österreichischer Speisenrezepte zu schaffen. Es wurde darauf Bedacht genommen, daß auch die vielen ausländischen Gäste, die die Österreichische Küche schätzen gelernt haben, die Speisen daheim nachkochen können. Das setzt voraus, daß sie auch in ihren Heimatländern die entsprechenden Lebensmittel bekommen und daß die Zubereitung nicht zu kompliziert ist. Auch das waren Kriterien für die Auswahl.

Immer aber bleibt es dem Können und Einfühlungsvermögen der Hobbyköchin, des Hobbykoches überlassen, die nüchterne Sprache eines Rezeptes in eine wirkliche Gaumenfreude zu übersetzen.

Helga Setz

Die Mengenangaben sind, wenn nichts anderes angeführt ist, für 4 Personen. Eine Ausnahme sind Mehlspeisen. Da ist es meist nicht möglich, aus so kleinen Mengen wohlschmeckende Gerichte zu machen.

1 EL = 1 Eßlöffel, 1 TL = 1 Teelöffel.

Suppen

Rindsuppe

500 g Rindfleisch mit Knochen
100 g Wurzelwerk (Möhren, Sellerie- und Petersilwurzeln, Porree)
1 kleine Zwiebel
1 l Wasser
etwas Muskatblüte
einige Pfeffer- und Neugewürzkörner
1 TL Salz
— — — — —
Schnittlauch

Fleisch, Knochen, grob aufgeschnittenes Wurzelwerk, Zwiebel und Gewürze mit kaltem Wasser zustellen und langsam ca. 1 ½ Stunden kochen. Die Suppe nachwürzen, abseihen, mit einer Einlage und fein aufgeschnittenem Schnittlauch servieren.

Das Fleisch kann man warm mit Kartoffeln, Gemüsen, Apfelkren oder Schnittlauchsoße essen. Kalt kann es für Essigfleisch verwendet werden.

Leberknödel

150 g Rindsleber, fein faschiert
1 Semmel
1 EL Fett
50 g Zwiebeln
1 Knoblauchzehe
½ TL grüne Petersilie, gehackt
etwas Majoran, Thymian, Basilikum
1 TL Salz
1 Ei
ca. 50 g Semmelbrösel

Die Leber mit der in Wasser eingeweichten, gut ausgedrückten und mit einer Gabel zerkleinerten Semmel, gehackten, in Fett gerösteten Zwiebeln und Knoblauch und den anderen Zutaten gut vermischen. Aus der Masse 4 große oder 8 kleine Knödel formen. In die kochende, fertige Rindsuppe einlegen und 10 Minuten ziehen lassen.

Grießnockerln

50 g Butter
1 Ei
100 g Grieß
1 Prise Muskat
½ TL Salz
— — — — —
Salzwasser

Die Butter schaumig rühren, Ei, Grieß und Gewürze gut einrühren.

Die Masse ½ Stunde ziehen lassen. Mit einem Teelöffel ca. 3 cm lange Nockerln formen. In reichlich kochendes Salzwasser einlegen und ½ Stunde leicht kochen lassen.

Frittaten-Flädle

1/8 l Milch
½ TL Salz
80 g Mehl
1 Ei

— — — — —

Fett zum Ausbacken

Milch, Salz und Mehl glatt verrühren, das Ei einmengen. In einer Omelettenpfanne etwas Fett erhitzen. Von der Masse soviel hineingießen, daß der Boden dünn bedeckt ist. Auf beiden Seiten goldbraun backen.

Bevor man die nächste Frittate eingießt, die Pfanne wieder gut befetten.

Die ausgekühlten Pfannkuchen zusammenrollen und nudelig schneiden.

Eintropfsuppe — Eingußnudeln

1 l Rindsuppe
— — — — —
Tropfteig:
2 EL Mehl
1 Ei
1 Eiklar
etwas Salz
— — — — —
Schnittlauch

Die Zutaten des Teiges in einem Schnabeltopf zu einer glatten Masse verrühren. In die leicht kochende Suppe spiralenförmig einlaufen lassen. Einmal aufkochen und sofort servieren.

Schöberln

50 g Butter
2 Eidotter
2 Semmeln
1 TL Fett
1 TL grüne Petersilie, gehackt
2 Eiklar Schnee
½ TL Salz
— — — — —
Fett und Mehl für die Form

Die Semmeln in Wasser einweichen, gut ausdrücken, passieren. Die Petersilie in Fett leicht anrösten. Butter schaumig rühren, Eidotter, Petersilie und Semmeln gut einmengen. Am Schluß den steifen, gesalzenen Schnee unterziehen. Die Masse in eine befettete, bemehlte Kasten- oder Tortenform füllen und bei 200° C hellbraun backen. Ausgekühlt in Würfel schneiden und in der Suppe servieren.

Schinkenschöberln: in die Masse 100 g gekochten, gehackten Schinken mischen.

Leber- oder Milzschöberln: in die Masse noch 1 EL gehackte, geröstete Zwiebeln, etwas Majoran, Pfeffer und 100g geschabte Rindsleber oder Milz mengen.

Gulyassuppe

50 g Schweinefett
200 g Zwiebeln
1 Knoblauchzehe
500 g Rindfleisch
1 EL Paprikapulver
1 EL Paradeismark
1 EL Essig
1 TL Salz
etwas Majoran
und Kümmel
ca. 1 l Wasser
250 g Kartoffeln
1 TL Mehl
ev. 1 Pfefferoni

Feingehackte Zwiebeln und Knoblauch im Fett goldgelb rösten. Das kleinwürfelig aufgeschnittene Fleisch dazugeben, etwas anbraten. Paprika und Tomatenmark einmengen, mit Essig ablöschen, würzen, aufgießen und fast gar dünsten.

Die Kartoffeln schälen, kleinwürfelig schneiden, das Mehl mit wenig Wasser glatt abrühren, beides zur Suppe geben, fertig kochen und sehr heiß servieren.

Wer die Suppe scharf haben will, kann vor dem Anrichten einen sehr fein aufgeschnittenen Pfefferoni dazugeben.

Im Burgenland kocht man in die fertige Suppe noch kleine Nockerln (1/3 der Nockerlmasse) ein und gibt pro Teller 1 EL sauren Rahm dazu.

Steirische Klachlsuppe

2-3 Schweins-haxerln, in Stücke zerhackt
100 g Wurzelwerk (Möhren, Sellerie- und Petersilwurzeln, Porree)
2 Lorbeerblätter
1 TL Majoran
5 Pfefferkörner
2 Knoblauchzehen
1 TL Salz
1 ¼ l Wasser

— — — — —

1 EL Essig
1 EL Mehl
etwas Wasser

Die Schweinshaxen mit nudelig geschnittenem Wurzelwerk und Gewürzen garkochen. Die Haxn herausnehmen, das Fleisch ablösen, klein aufschneiden und wieder zur Suppe geben.

Mehl im kalten Essigwasser gut versprudeln, zur Suppe geben und gut verkochen. Nachwürzen.

Will man ein ausgiebiges Gericht, dann kann man Salzkartoffeln dazugeben.

Kärntner Kirchtagssuppe

200 g Schaffleisch
200 g Rindfleisch
¼ Suppenhuhn
500 g Rindsknochen
1 TL Salz
50 g Porree
etwas grüne Petersilie
1 ½ l Wasser

— — — — —

½ l Wasser
5 Pfefferkörner
5 Nelken
4 Prisen Safran
1 Salbeiblatt
2 Lorbeerblätter
etwas Liebstöckl, Ingwer, Estragon Thymian

— — — — —

1/8 l saurer Rahm
2 Eidotter
1 EL Mehl

Fleisch, Knochen und Grünzeug in kaltem Salzwasser zustellen und langsam gar kochen.

Die Gewürze in kaltem Wasser zustellen, 1 Stunde ziehen lassen und abseihen.

Die Fleischsuppe abseihen. Das Fleisch in kleine Würfel schneiden, in die Suppe geben, mit dem Kräutersud würzen und nochmals aufkochen.

Rahm, Eidotter und Mehl gut versprudeln und in die kochende Suppe einrühren. Nachwürzen. Die Suppe soll würzig und leicht säuerlich schmecken.

Als Einlage kann man geröstete Brotwürfel oder Eingußnudeln in die Suppe geben.

Schwammerlsuppe

40 g Fett
50 g Zwiebeln
1 Knoblauchzehe
250 g beliebige Pilze
½ TL Majoran
1 EL grüne Petersilie, gehackt
¾ l Wasser
100 g Kartoffeln

— — — — —

1/8 l saurer Rahm
1 EL Mehl
1 TL Salz

Feingehackte Zwiebeln und Knoblauch im Fett hellbraun rösten. Die Pilze putzen, waschen, grob aufhacken, mit Petersilie und Majoran zu den Zwiebeln geben und solange dünsten, bis keine Flüssigkeit mehr vorhanden ist. Mit Wasser aufgießen, die kleinwürfelig aufgeschnittenen Kartoffeln beigeben und garkochen.

Sauren Rahm und Mehl verrühren und mit der Suppe kurz verkochen. Am Schluß erst salzen, sonst werden die Pilze zäh.

In der Steiermark ißt man Heidensterz dazu, gibt dann aber keine Kartoffeln in die Suppe.

Knoblauchsuppe

100 g Selchspeck
10 Zehen Knoblauch
100 g Porree
oder Zwiebeln
1 l Wasser

— — — — —

1/8 l saurer Rahm
1 Eidotter
1 TL Mehl
½ Suppenwürfel
½ TL Salz

— — — — —

100 g Brotwürfel,
geröstet

Den würfelig geschnittenen Speck anbraten und den zerdrückten Knoblauch darin kurz rösten.

Nudelig geschnittenen Porree oder Zwiebeln dazugeben und alles ca. 5 Minuten dünsten. Mit kaltem Wasser aufgießen und ungefähr 20 Minuten kochen.

Rahm, Eidotter und Mehl gut verrühren, zur Suppe geben und nochmals aufkochen.

Würzen und mit Brotwürfeln auftragen.

Notizen

Hauptspeisen
Fleisch, Innereien, Fisch

Gekochter Tafelspitz

600 g Tafelspitz
(spezielles Stück vom Rindsschlegel)
50 g Rindsleber
2 Rindsknochen
100 g Wurzelwerk (Möhren, Sellerie- und Petersilwurzeln, Lauch)
1 TL Salz
etwas Muskatblüte
einige Pfefferkörner
1 ½ l Wasser
— — — — —
Schnittlauch

Die Knochen in kaltem Wasser zustellen und kurz kochen. Dann Fleisch, Leber, das grob aufgeschnittene Wurzelwerk und die Gewürze dazugeben.

Langsam kochen bis das Fleisch gar ist.

Das Fleisch schräg zur Faser in Scheiben schneiden, anrichten, mit etwas Suppe begießen und Schnittlauch bestreuen.

Dazu ißt man Röstkartoffeln, Apfelkren, Schnittlauchsoße oder Gemüse.

Rindsbraten mit Rahmsoße

800 g Rinds-bratenfleisch
100 g Speck
50 g Fett
1 TL Salz
etwas Pfeffer
50 g Zwiebeln
50 g Selleriewurzeln
50 g Möhren
1/8 l Rotwein
1 Lorbeerblatt
einige Pfeffer- und Neugewürzkörner
½ TL Basilikum
½ TL Majoran
1 TL Senf

— — — — —

1/8 l saurer Rahm
1 EL Mehl

Das Fleischstück spicken, mit Salz und Pfeffer einreiben und rundum in heißem Fett anbraten. Feingeschnittenes Wurzelwerk und Zwiebeln ins Bratenfett geben, kurz anrösten und mit Wein ablöschen.

Die Gewürze dazugeben und das Fleisch im Backrohr unter öfterem Begießen (am besten mit Rindsuppe) garbraten (ca. 1 ½ Stunden).

Den sauren Rahm mit Mehl versprudeln, mit dem Bratensaft verkochen und durch ein Sieb streichen. Nachwürzen.

Das Fleisch in Schnitten teilen und mit der Soße servieren.

Beilagen dazu: Blaukraut, Nudeln, Knödel, Polenta gebratene Kartoffeln.

Zwiebelrostbraten

4 Rostbraten
1 TL Salz
etwas Pfeffer
Mehl
40 g Fett

— — — — —

30 g Butter
1 TL Mehl
¼ l Wasser oder Rindsuppe

— — — — —

200 g Zwiebeln
etwas Mehl
Salz
Backfett

Die Rostbraten klopfen, die Ränder leicht einschneiden, salzen, pfeffern und auf einer Seite leicht in Mehl tauchen.

In einer Bratpfanne Fett erhitzen, die Rostbraten mit der bemehlten Seite hineinlegen. Auf beiden Seiten rasch abbraten und warmstellen.

Die Butter ins Bratenfett geben, das Mehl dazu und leicht anrösten. Mit Suppe oder Wasser aufgießen, gut verkochen und über die angerichteten Fleischstücke gießen.

Die Zwiebeln ringelig schneiden, in gesalzenes Mehl tauchen und in heißem Fett goldbraun braten. Gut abtropfen lassen und auf den Rostbraten streuen.

Beilage: Erdäpfelschmarrn oder Bratkartoffeln.

Saftgulyas

800 g Wadschinken
100 g Schweinefett
500 g Zwiebeln
2 Knoblauchzehen
3 EL Paprikapulver
1 EL Essig
je ½ TL Majoran und Kümmelpulver
1 EL Tomatenmark
Salz
Wasser

Das Fleisch in fingerdicke Scheiben, die Zwiebeln blättrig schneiden. Im heissen Fett die Zwiebeln goldgelb rösten, Paprika daraufgeben, sofort mit Essig ablöschen.

Fleisch, Knoblauch und die Gewürze dazu, und mit soviel Wasser aufgießen, daß das Fleisch knapp bedeckt ist. Langsam dünsten, immer wieder wenig aufgießen.

Es muß soviel Saft sein, daß das Fleisch gerade bedeckt ist.

Dazu frische Semmeln und ein kühles Bier.

Wiener Schnitzel

4 Kalbschnitzel
à 150 g
1 TL Salz
— — — — —
50 g Mehl
2 Eier
100 g Semmelbrösel
— — — — —
Backfett

Die Schnitzel klopfen (bis auf ca. 5 mm Dicke), die Ränder einschneiden, salzen.

Zuerst in Mehl, dann versprudeltes Ei und zuletzt in Brösel tauchen.

Fett (am besten Schweinefett) in der Pfanne erhitzen und die Schnitzel auf beiden Seiten jeweils ca. 1 ½ Minuten goldgelb backen. Die Pfanne dabei öfters schütteln. Abtropfen lassen und mit Zitronenspalten und grüner Petersilie anrichten.

Typische Beilagen sind: Kopf-, Kartoffel-, Gurken- oder gemischter Salat.

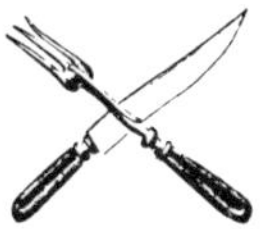

Naturschnitzel

4 Kalbschnitzel
à 150 g
1 TL Salz
Mehl
50 g Fett

— — — — —

50 g Butter
1 EL Mehl
Rindsuppe oder
Kalbsbratensaft
zum Aufgießen

Die Schnitzel klopfen, die Ränder einschneiden, salzen und auf einer Seite leicht in Mehl tauchen.

Fett in der Pfanne erhitzen, die Schnitzel mit der bemehlten Seite zuerst hineinlegen, rasch auf beiden Seiten abbraten und warmstellen.

Das Bratenfett abgießen, die Butter in die Pfanne geben, das Mehl darin leicht anrösten, mit Suppe oder Bratensaft aufgießen und kurz verkochen. Den Saft über die Schnitzel gießen, mit Zitrone und grüner Petersilie garnieren.

Beilagen: Reis, Erbsen- oder Champignonreis und grüner Salat.

Schweinsbraten

700 g Schopfbraten
1 TL Salz
2 Knoblauchzehen
1 TL Kümmel
½ TL Thymian
Wasser

Das Fleisch mit den Gewürzen einreiben. In eine Bratenpfanne fingerhoch kaltes Wasser geben, das Fleisch hineinlegen.

½ Stunde zugedeckt, eine weitere ½ Stunde offen im Rohr braten. Öfter mit dem eigenen Saft begießen.

Dazu passen am besten gekochte, im Saft kurz mitgebratene Kartoffeln und Sauerkraut.

Gefüllte Kalbsbrust

6 Portionen

1 ½ kg Kalbsbrust
einige zerhackte Kalbsknochen
1 TL Salz
50 g Butter

— — — — —

Fülle:
40 g Butter
20 g Zwiebeln
1 TL grüne Petersilie, gehackt
100 g Champignon
3 Semmeln, altbacken
1/8 l Milch
2 Eier
Salz, Muskat

— — — — —

1 TL Mehl
¼ l Wasser

Die Kalbsbrust beim Fleischer auslösen und untergreifen lassen. In die Höhlung die Fülle geben, zunähen. Das Fleisch mit Salz einreiben.

In die Bratenpfanne die Knochen legen, das Fleischstück mit der schönen Seite nach unten daraufgeben und mit Butterflocken belegen.

Im gut vorgeheizten Backrohr sehr schnell anbraten. Mit Wasser untergießen, die Hitze etwas drosseln und nach ½ Stunde den Braten umdrehen.

Unter öfterem Begießen ca. 1 ½ Stunde insgesamt braten. Herausnehmen, warm mindestens ½ Stunde rasten lassen. Den Bratensaft mit Mehl stauben, aufgießen, gut verkochen und abseihen.

Das Fleisch aufschneiden, den Saft gesondert dazu reichen.

Fülle:
Feingehackte Zwiebeln in Butter hellbraun rösten, kleingeschnittene Pilze und Petersilie zugeben, kurz dünsten.

Semmeln zu ca. 1 cm großen Würfeln schneiden. Milch, Eier und Gewürze versprudeln, über die Semmeln gießen. Die Pilze daruntermischen.

Gute Beilagen sind: Erbsen, Karotten, grüner oder gemischter Salat.

Szegediner Gulyas

500 g Schweinefleisch (Schulter oder Bauchfleisch)
50 g Fett
200 g Zwiebeln
2 Knoblauchzehen
2 EL Paprikapulver
½ TL Kümmel
Salz
500 g Sauerkraut
— — — — —
1/8 l saurer Rahm
1 TL Mehl

Das Fleisch in größere Würfel, die Zwiebeln blättrig schneiden. In heißem Fett Zwiebeln und zerdrückten Knoblauch goldgelb rösten. Paprika dazugeben, rasch mit etwas Wasser löschen. Fleisch und Gewürze einmengen, soviel Wasser aufgießen, daß das Fleisch knapp bedeckt ist und halbgar dünsten. Das Kraut daruntermischen und alles noch ca. ½ Stunde garen.

Rahm und Mehl gut versprudeln, zur Speise geben und noch kurz ziehen lassen.

Beilagen sind: Salzkartoffeln, Semmel- oder Erdäpfelknödel.

Schöpsenbraten

1 kg Schöpsenschlegel
100 g Speck
5 Knoblauchzehen
1 TL Salz
5 Wacholderbeeren
100 g Wurzelwerk (Möhren, Sellerie, Lauch)
2 Lorbeerblätter
1 Prise Rosmarin
½ TL Thymian
5 Pfeffer- und
5 Pimentkörner
1 EL Essig
1/8 l Wasser
1 EL Mehl

Das enthäutete Fleisch abwechselnd mit Speckstreifen und Knoblauchzehen spicken, mit Salz und zerdrückten Wacholderbeeren einreiben. Den restlichen Speck klein aufschneiden und das Fleisch darauf rundherum anbraten. Fein aufgeschnittenes Wurzelwerk und Zwiebeln neben dem Fleisch leicht anrösten. Die Gewürze dazugeben, mit etwas Wasser aufgießen und im Backrohr unter öfterem Begießen ca. 1 Stunde braten. Das Fleisch herausnehmen, aufschneiden und warmstellen. Den Saft mit Mehl stauben, noch etwas aufgießen, verkochen, passieren und über das Fleisch gießen.

Semmelknödel, gedünstetes Kraut oder Salate passen gut dazu.

Lammfleisch mit Linsen

800 g Lammfleisch
50 g Fett
100 g Zwiebeln
1 Knoblauchzehe
1 TL Salz
etwas Pfeffer
Rosmarin
Thymian
1/8 l Weißwein
— — — — —
300 g Linsen
1 TL Bohnenkraut
1 Lorbeerblatt
etwas Rosmarin
Salz
1 TL Essig

Feingehackte Zwiebeln und Knoblauch im Fett hellbraun rösten. Das Fleisch großwürfelig aufschneiden, dazugeben, mitrösten.

Mit Weißwein ablöschen, Gewürze dazugeben und das Fleisch fast gar dünsten.

Die über Nacht eingeweichten Linsen mit den Gewürzen kernigweich kochen.

Die Linsen zum Fleisch geben, fertigkochen und würzen.

Wildbraten

1 kg Hirsch- oder Rehschlegel
100 g Speck
½ TL Salz
10 Wacholderbeeren
½ TL Thymian
— — — — —
1 EL Butter
50 g Selleriewurzeln
50 g Möhren
50 g Petersilwurzeln
50 g Zwiebeln
2 Knoblauchzehen
2 Lorbeerblätter
5 Pfeffer- und
2 Pimentkörner
¼ l Rotwein
1 EL Preiselbeeren
50 g Schwarzbrot

Das gut abgelegene Fleisch abhäuten, mit Speck spicken, mit Salz, zerdrückten Wacholderbeeren und Thymian einreiben. Den restlichen Speck klein aufschneiden und mit Butter in der Bratenpfanne erhitzen. Das Fleisch darauf anbraten. Feingeschnittenes Wurzelwerk und Zwiebeln neben dem Fleisch leicht anrösten, mit Wein aufgießen. Die Gewürze, das in kleine Stücke zerteilte Brot und Preiselbeeren dazugeben. Das Fleisch unter öfterem Be- und Aufgießen im Backrohr ca. 1 ½ Stunden braten. Das Fleisch aufschneiden, die Soße passieren und nachwürzen.

Dazu passen Rotkraut, Semmel- oder Erdäpfelknödel.

Paprikahendl

1 Brathuhn
(ca. 1,50 kg)
1 TL Salz
40 g Butter
150 g Zwiebeln
1 Knoblauchzehe
2 EL Paprikapulver
1 EL Tomatenmark
¼ l Hühnersuppe
oder Wasser

— — — — —

¼ l saurer Rahm
1 EL Mehl
Salz

Das bratfertige Hendl teilen, salzen, in Butter rundherum anbraten, warmstellen.

Feingehackte Zwiebeln und Knoblauch im Bratenfett hellbraun rösten, Paprika, Tomatenmark dazugeben und sofort mit Hühnersuppe oder Wasser ablöschen. Aufkochen lassen und das Fleisch in dieser Soße ca. ½ Stunde garen.

Das Huhn anrichten. Sauren Rahm mit Mehl versprudeln, in der Soße einmal aufkochen, nachwürzen und über das Fleisch passieren.

Beilage: Nockerln, Nudeln und grüner Salat.

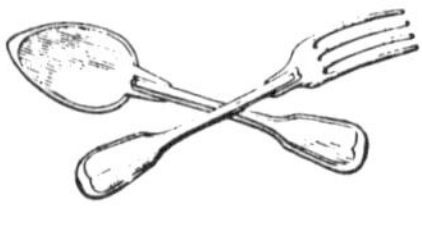

Faschierte Laibchen

500 g faschiertes Fleisch
(½ Rind- und ½ Schweinefleisch)
50 g Selchspeck
50 g Zwiebeln
1 Knoblauchzehe
2 Semmeln, altbacken
½ TL Majoran
½ TL Basilikum
1 TL Salz
1 Prise Muskat
1 TL gehackte, grüne Petersilie
1 Ei

— — — — —

Fett zum Braten

Die Semmeln in Wasser einweichen, gut ausdrücken und mit der Gabel zerkleinern. Den kleinwürfelig geschnittenen Speck mit gehackten Zwiebeln und Knoblauch hellbraun rösten. In einer Schüssel alle Zutaten zusammenmischen, gut durchkneten. Aus dem Fleischteig 2 cm dicke, mittelgroße Laibchen formen und in heißem Fett langsam beidseitig braun braten.

Dazu passen gedünstete Gemüse, Kartoffelbrei oder verschiedene Salate.

Reisfleisch

500 g Schweine- oder Kalbfleisch
50 g Fett
150 g Zwiebeln
1 Knoblauchzehe
1 EL Paprikapulver
1 EL Tomatenmark
1 TL Salz
½ l Wasser
200 g Reis
— — — — —
eventuell Reibkäse

Feingehackte Zwiebeln und Knoblauch im Fett hellbraun rösten. Würfelig geschnittenes Fleisch zugeben, durchrösten.

Die Gewürze einrühren, ganz wenig aufgießen und das Fleisch 20 Minuten dünsten.

3 Löffel Saft abschöpfen und beiseite stellen.

Den trockenen Reis zum Fleisch geben, mit dem restlichen Wasser aufgießen, nachwürzen, weitere 20 Minuten dünsten.

Am Schluß die 3 EL Saft darunterrühren. Dic Speise anrichten, mit Reibkäse und Salat servieren.

Tiroler Leber

500 g Kalbs- oder Schweinsleber
50 g Speck
40 g Butter
30 g Zwiebeln
1 EL Mehl
1/8 l Rindsuppe
1/8 l Weißwein
etwas Pfeffer und Majoran
1 TL Salz

Die Leber in dünne Filets schneiden, mit dünnen Speckstreifen spicken. Die Zwiebeln fein aufhacken. Beides in Butter anbraten, mit Mehl stauben. Mit Rindsuppe und Weißwein aufgießen, würzen und 5 Minuten ziehen, aber nicht kochen lassen.

Beilagen: Kartoffeln oder Reis und grüner Salat.

Beuschel

½ Kalbslunge mit
½ Kalbsherz
ca. 1 ½ l Wasser
1 TL Salz
1 EL Weinessig
100 g Wurzelwerk (Möhren, Petersil- und Selleriewurzeln)
1 kleine Zwiebel
5 Pfeffer- und
3 Pimentkörner
1 Lorbeerblatt
½ TL Thymian

Die gut gewaschene Lunge und das Herz mit kaltem Wasser, den Gewürzen und dem grob aufgeschnittenen Wurzelwerk und Zwiebeln zustellen und langsam ca. 1 ½ Stunden kochen (am besten am Tag vorher). Wenn es kalt ist, feinnudelig aufschneiden, alle Knorpeln entfernen.

— — — — —

60 g Fett
60 g Mehl
½ TL Zucker
½ EL Zwiebeln,
1 TL grüne Petersilie,
1 EL Kapern,
1 Knoblauchzehe,
1 Sardellenfilet, alles feingehackt
Beuschelsud

Mehl und Zucker im Fett schön braun rösten, die anderen fein aufgehackten Gewürze dazugeben, kurz mitrösten.

Mit einem Teil des Beuschelsudes aufgießen und gut verkochen lassen.

Das geschnittene Beuschel dazugeben, nachwürzen und

— — — — —

etwas Senf,
Salz, Majoran,
Zitronensaft
1/8 l saurer Rahm

noch kurze Zeit langsam kochen lassen. Vor dem Anrichten den Rahm einrühren.

Am besten schmecken Semmelknödel dazu. In Tirol ißt man es auch mit Polenta.

Hirnpofesen

250 g Kalbs- oder Schweinshirn

— — — — —

40 g Butter
1 EL Zwiebeln,
1 TL grüne Petersilie,
beides feingehackt
2 Eier
1 TL Salz
etwas Pfeffer

— — — — —

ca. 16 Stück
1 cm dicke
Weißbrotscheiben

— — — — —

4 Eier
4 EL Milch
etwas Salz

— — — — —

Backfett

Das Hirn gut abwaschen, mit warmem, leicht gesäuertem (Essig)wasser übergießen. Die Haut abziehen, Blutgefäße entfernen und fein aufhacken.

Zwiebeln und Petersilie in Butter andünsten, das Hirn dazugeben, gut durchrösten. 2 versprudelte Eier und die Gewürze dazugeben, durchrühren und stocken lassen.

Die Masse auf der Hälfte der Brotscheiben verteilen, gleichmäßig aufstreichen. Mit den unbestrichenen Brotscheiben bedecken, gut zusammendrücken.

Milch, Ei und Salz versprudeln. Die Pofesen darin eintauchen und aus heißem Backschmalz beidseitig goldgelb ausbacken.

Am besten schmecken dazu Spinat oder Salate. Man kann sie auch, in ca. 2 cm breite Streifen geschnitten, als Suppeneinlage verwenden.

Burgenländischer Karpfen

1 Karpfen
1 TL Salz
1 TL Paprikapulver
50 g Butter

— — — — —

150 g Zwiebeln
1 Knoblauchzehe
2 EL Paprikapulver
1/8 l Weißwein
4 Tomaten, geschält, geviertelt
etwas Zitronenschale
Salz

— — — — —

¼ l saurer Rahm
1 EL Mehl

Den Karpfen schuppen, ausnehmen, säubern, in Portionsstücke schneiden. Mit Salz und Paprika einreiben und in heißer Butter rasch abbraten, warmstellen.

Feingehackte Zwiebeln und Knoblauch im Bratenfett hellbraun rösten, Paprika dazugeben, mit Weißwein ablöschen. Tomaten und Gewürze einmengen, etwas aufgießen und die Soße ½ Stunde kochen.

Rahm mit Mehl versprudeln, zur Soße geben, einmal aufkochen, passieren.

Die Fischstücke in die Soße legen, fertigdünsten.

Dazu Nockerln oder Kartoffeln und grüner Salat.

Forellen mit Kräutersoße

4 Forellen
1 Zitrone Saft
1 TL Salz
etwas Mehl
50 g Butter

— — — — —

Soße:
40 g Butter
1 EL Mehl
¼ l Rindsuppe
je 1 EL Estragon,
Kerbelkraut,
grüne Petersilie,
Zitronenmelisse
1/8 l saurer Rahm
1 Eidotter
Salz, Pfeffer

Die Fische putzen, ausnehmen, säubern, salzen und mit Zitronensaft beträufeln. In Mehl tauchen, in heißer Butter braten, warmstellen.

Mehl in Butter hellbraun rösten, mit Rindsuppe aufgießen, mit der Hälfte der fein aufgehackten Kräuter gut verkochen.

Sauren Rahm mit Eidotter versprudeln, mit dem Rest der Kräuter in die Soße rühren, nachwürzen. Nicht mehr kochen.

Die Soße zum Fisch servieren. Dazu noch Butterkartoffeln und grünen Salat.

Andere, typisch österreichische Hauptspeisen

Gefüllte Paprika

8 Paprikaschoten
Salzwasser
— — — — —
Fülle:
400 g faschiertes Fleisch
(½ Rind-, ½ Schweinefleisch)
1 EL Fett
50 g Zwiebeln,
1 Knoblauchzehe,
1 TL grüne Petersilie,
alles feingehackt
1 TL Salz
½ TL Basilikum
½ TL Majoran
etwas Pfeffer
50 g gekochter Reis oder 1 Semmel
1 Ei
— — — — —
1 EL Fett
— — — — —
Paradeissoße

Von den Paprikaschoten die Stiele entfernen, einen Deckel abschneiden, gut entkernen. Die Schoten mit kochendem Salzwasser überbrühen, kalt abschwemmen. Die Fülle hineingeben, den Deckel aufsetzen und mit einem Zahnstocher befestigen. In heißem Fett anbraten, mit Paradeissoße übergießen und fertigdünsten.

Fülle:
Zwiebeln und Knoblauch hellbraun rösten, die Petersilie dazugeben und einmal aufschäumen lassen. Das Faschierte mit Zwiebeln, Gewürzen, Ei, Reis oder einer in Wasser erweichten, gut ausgedrückten Semmel gut vermischen.

Beilage: Salzkartoffeln oder Kartoffelbrei.

Gefüllter Kohl

1 Kohlkopf, Wirsing
mittelgroß
Salzwasser
— — — — —
Fülle:
400 g faschiertes Fleisch
(½ Rind-, ½ Schweinefleisch)
100 g Selchspeck
50 g Zwiebeln,
1 Knoblauchzehe,
1 TL grüne Petersilie,
alles feingehackt
½ TL Majoran
½ TL Basilikum
etwas Muskat, Pfeffer
1 Semmel
1 Ei
Kohlreste
1 TL Salz
— — — — — —
50 g Selchspeck
¼ l Rindsuppe
— — — — — —

Den ganzen Kohlkopf in Salzwasser halbgar kochen. Ausgekühlt, die Blätter vorsichtig auseinanderlösen, das Herz herausschneiden, fein aufhacken, unter die Fülle mischen.

Den Kohlkopf füllen, auch Fülle zwischen die Blätter streichen, zusammenbinden.

Kleinwürfelig geschnittenen Speck rasch anbraten, den Kohlkopf daraufgeben, mit Suppe aufgießen und zugedeckt ca. 1 Stunde dünsten.

Den Kohl in einer Schüssel anrichten, warmstellen.

Den Bratensaft mit saurem Rahm, in dem man das Mehl versprudelt hat, binden, einmal aufkochen, nachwürzen. Über den Kohl gießen und ihn mit Kartoffeln auftragen.

1/8 l saurer Rahm
1 TL Mehl
Salz, Pfeffer

Fülle:
im kleinwürfelig geschnittenen Speck, Zwiebeln, Knoblauch und Petersilie anrösten. Mit den anderen Gewürzen, den Kohlresten, Ei, der eingeweichten, gut ausgedrückten Semmel zum Fleisch geben und gut vermischen.

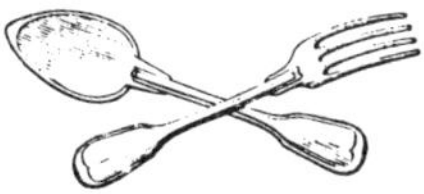

Gebackene Schinkenfleckerln

200 g Fleckerln
Salzwasser
1 EL Öl

— — — — —

50 g Butter
2 Eidotter
Salz, Muskat
Pfeffer
200 g Schinken, gehackt
4 EL saurer Rahm
2 EL geriebener Käse
2 Eiklar Schnee

— — — — —

Fett und Brösel für die Form

Die Fleckerln in Salzwasser mit etwas Öl kochen, abseihen, gut abtropfen lassen.

Butter, Dotter und Gewürze schaumig rühren, Schinken, Rahm, Käse und Nudeln einmischen, den steifen Schnee darunterziehen.

In eine befettete, ausgebröselte Auflaufform füllen, bei mittlerer Hitze im Backrohr ca. 40 Minuten goldbraun backen.

Beilage: grüner Salat.

Krautfleckerln

80 g Fett
50 g Zwiebeln
1 EL Zucker
400 g Kraut
1 EL Essig
½ TL Kümmel
1 TL Salz
1/8 l Wasser

— — — — —

300 g Fleckerln
Salzwasser
1 EL Öl

Fein aufgehackte Zwiebeln mit Zucker im Fett goldbraun rösten. Das Kraut feinnudelig aufschneiden, mit den Gewürzen zu den Zwiebeln geben, mit Wasser aufgießen und ca. ½ Stunde dünsten.

In der Zwischenzeit die Fleckerln in reichlich Salzwasser kernig weich kochen, abseihen. Das Öl ins Salzwasser geben, dann kleben die Nudeln nicht zusammen. Die Fleckerln mit dem Kraut mischen und noch kurz durchdünsten.

Kärntner Kasnudeln

ca. 16 mittelgroße Nudeln

Nudelteig:
250 g glattes Mehl
1 TL Salz
1 Ei
6-8 EL Milch oder Wasser

— — — — —

Topfen-Erdäpfelfülle:
500 g Kartoffeln
500 g trockener Topfen
1 TL Salz
50 g Butter
50 g Porree
1 Knoblauchzehe
je ½ TL braune Minze, Kerbelkraut, grüne Petersilie
etwas Majoran

Nudelteig:

Alle Zutaten in einer Schüssel vermischen, dann zu einem glatten, nicht zu festen Nudelteig kneten. Mindestens 1 Stunde, besser noch über Nacht, gut zugedeckt rasten lassen.

Den Teig messerrückendick ausrollen, in regelmäßigen Abständen mit Füllekugerln belegen. So viel Teig darüberschlagen, daß noch rundherum ein 1 cm breiter Rand bleibt. Den Teig gut an die Fülle andrücken und die Nudeln herausradeln. Man kann die Teigränder auch mit Daumen und Zeigefinger so zusammendrücken, daß ein zackenartiger Rand entsteht (»krendeln«).

Wenn alle Nudeln fertig sind, in reichlich kochendes Salzwasser einlegen und 10 Minuten ziehen lassen.

Anrichten, mit heißer Butter oder Grammelfett übergießen.

Fülle:

Die Kartoffeln in der Schale kochen, heiß schälen und aufpressen. Fein aufgeschnittenen Lauch und Knoblauch in Butter kurz anrösten. Die Kräuter, so man nicht getrocknete verwendet, fein aufhacken.

Alles zusammenmischen, am besten noch mit heißen Erdäpfeln, gut durchkneten und Kugerln formen.

Zu den Kasnudeln ißt man grünen Salat oder Krautsalat.

Erdäpfelgulasch

1 kg Kartoffeln
— — — — — —
100 g Selchspeck
150 g Zwiebeln
2 Knoblauchzehen
2 EL Paprikapulver
1 EL Essig
½ TL Kümmel
etwas Majoran
1 Lorbeerblatt
1 TL Salz
2 EL Tomatenmark
ca. ½ l Wasser

Die Kartoffeln schälen, in gleichgroße Stücke schneiden.

Klein aufgeschnittenen Speck kurz anbraten, gehackte Zwiebeln und Knoblauch dazugeben und hellbraun rösten.

Paprika einrühren, sofort mit Essig ablöschen. Kartoffeln und Gewürze dazu und soviel Wasser, daß die Kartoffeln knapp bedeckt sind. Zugedeckt gar dünsten.

Am Schluß kann man Wurstscheiben hineinmischen.

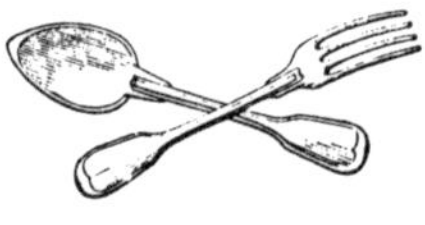

Ritschert

250 g Bohnen
250 g Rollgerste
1 kleine, geselchte Stelze oder Ripperln
150 g Selleriewurzel
4 Blätter Liebstöckl
1 Salbeiblatt
etwas Gundelrebe
Salz

Bohnen und Rollgerste über Nacht einweichen, mit Fleisch und Kräutern fast gar kochen. Das Fleisch herausnehmen, klein aufschneiden, mit würfelig geschnittener Sellerie zu den Bohnen geben und die Speise fertiggaren.

Am Schluß erst salzen.

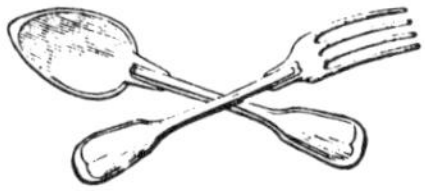

Gemüseauflauf

400 g gemischtes Gemüse der Saison
Salzwasser
— — — — — — —
1 EL Butter
100 g beliebige Pilze
— — — — — — —
Milcheinmach:
40 g Butter
60 g Mehl
¼ l Milch
4 Eier
2 Prisen Muskat
1 TL grüne Petersilie, gehackt
2 EL Reibkäse
100 g Schinken, gehackt
Salz
— — — — — — —
Fett und Brösel für die Form

Das Gemüse klein schneiden und in wenig Salzwasser halbgar kochen. Abseihen, gut abtropfen lassen.

Die blättrig geschnittenen Pilze in Butter 5 Minuten dünsten.

Milcheinmach:

Mehl in heißer Butter einmal aufschäumen lassen, sofort mit Milch aufgießen und gut verkochen. Wenn die Soße kalt ist, Eidotter, Gewürze, Gemüse, Pilze, Käse, Schinken einrühren und den steifen Schnee unterziehen. Die Masse in eine befettete, ausgebröselte Auflaufform füllen und bei mittlerer Hitze im Rohr ca. 45 Minuten backen.

Anstelle von Frischgemüse kann man 350 g Tiefkühlgemüse oder nur eine Gemüseart, z. B. 350 g Erbsen, nehmen.

Dazu passen Salate sehr gut.

Käsespätzle

3/8 l Wasser
1 TL Salz
etwas Muskat
4 Eier
400 g Mehl

— — — — —

150 g Reibkäse
Pfeffer, ev. Salz

— — — — —

150 g Zwiebeln
etwas Mehl
Salz
Backfett

— — — — —

30 g Butter

Wasser mit den Gewürzen und Eiern gut versprudeln, das Mehl locker in die Flüssigkeit einmengen.

Den Teig sofort durch ein Spätzlesieb in reichlich kochendes Salzwasser drücken, einmal aufkochen lassen.

Spätzle aus dem Wasser nehmen, gut abtropfen lassen.

Die Spätzle lagenweise mit geriebenem, würzigen Käse in eine Schüssel schichten, salzen und pfeffern. Obenauf geröstete Zwiebeln streuen, mit heißer Butter übergießen und sofort servieren.

Die Zwiebeln dünn ringelig schneiden, in wenig gesalzenem Mehl wälzen, in reichlich Fett knusprig hellbraun braten und gut abtropfen lassen.

Dazu gibt's verschiedene Salate.

Erdäpfelkrapfen

250 g Kartoffeln, gekocht, passiert
250 g Mehl
2 ganze Eier
2 Eidotter
1 TL Salz
etwas Muskat
50 g Butter, zerlassen
30 g Germ
6 EL Milch

— — — — —

200 g Schinken
3 EL saurer Rahm

— — — — —

Backfett

Die Germ in Milch auflösen. Alle Zutaten für den Teig in einer Schüssel zusammenmischen und rasch zusammenkneten.

Den Teig auf einem bemehlten Brett ½ cm dick ausrollen. Scheiben von ca. 5 cm Durchmesser ausstechen. Auf jede 2. Scheibe einen Löffel gehackten Schinken, mit Rahm vermischt, geben. Eine 2. Scheibe darüberlegen, die Ränder gut zudrücken und nachstechen.

In heißem Backschmalz auf beiden Seiten hellbraun ausbacken.

Dazu grünen Salat.

Topfenknödel

250 g Topfen
2 Eier
2 alte Semmeln
100 g Grieß
1 TL Salz
— — — — —
andere Art:
dieselben Zutaten wie oben und dazu
100 g Selchspeck
1 EL Schnittlauch
etwas Muskat
— — — — —
Salzwasser

Die Semmeln in Wasser einweichen, gut ausdrücken, passieren. Topfen, Grieß, Eier und Salz dazumischen. Die Masse unbedingt 1 Stunde stehen lassen.

Mit einem Löffel mittelgroße Knödel formen, in reichlich kochendes Salzwasser einlegen, 10 Minuten ziehen lassen.

Bereitet man die andere Art, dann rührt man den würfelig geschnittenen, scharf abgebratenen Speck, gehackten Schnittlauch und Muskat in die Masse.

Dazu ißt man Gemüse, Sauerkraut oder Salate. Man kann die Knödel (1. Art) auch in mit Butter gerösteten Bröseln wälzen und zu Zwetschken- oder Marillenröster oder Kompott essen.

Semmelknödel

4 Semmeln, altbacken
50 g Fett
50 g Zwiebeln
1 TL grüne Petersilie
1 TL Selleriegrün
4 EL Mehl
1 TL Salz
ca. ¼ l Milch
2 Eier
— — — — —
Salzwasser

Die Semmeln in ca. 1 cm große Würfel schneiden. Zwiebeln, Petersilie und Sellerie fein aufhacken. Die Zwiebeln in Fett hellgelb rösten, die Kräuter dazugeben und einmal aufschäumen lassen.

In einer Schüssel Semmeln, Mehl, Zwiebeln gut vermengen, die Milch mit den versprudelten Eiern und Salz darüberschütten. Alles gut durchmischen. Mit nassen Händen 8 Knödel formen und diese einige Zeit durchziehen lassen. In reichlich kochendes Salzwasser einlegen, 10 Minuten ziehen lassen.

Semmelknödel sind mit Gemüsen oder Soßen eine Hauptspeise, aber auch eine beliebte Beilage zu verschiedenen Fleischgerichten oder eine Suppeneinlage.

In verschiedenen Teilen Österreichs mischt man in die Knödelmasse Speck, Wurst, Selchfleisch oder Leber. Diese Knödel haben dann andere Namen, z. B. Tiroler Knödel usw.

Erdäpfelknödel

750 g Kartoffeln
1 TL Salz
1 EL Öl
150 g Mehl
50 g Grieß
1 Ei
— — — — —
Salzwasser

Die Erdäpfel in der Schale kochen, heiß schälen, aufpressen. Mit Grieß und Salz bestreut, auskühlen lassen. Das Mehl locker daruntermengen, Ei und Öl dazugeben und rasch zu einem Teig zusammenkneten. Aus dem Teig ca. 10 Knödel formen, in reichlich kochendes Salzwasser einlegen und 10 Minuten ziehen lassen.

Mit Soßen oder Gemüsen sind sie eine Hauptspeise, aber auch eine ausgiebige Beilage zu Fleischgerichten. Man kann sie auch mit gehacktem Selchfleisch, Fleischresten, Grammeln oder Obststücken füllen.

Gebackene Speckknödel

Kartoffelteig:
Menge und Zubereitung wie für Erdäpfelknödel.

— — — — —

Fülle:
250 g Selchspeck
1 EL Schnittlauch,
1 EL grüne Petersilie,
beides gehackt
½ TL Paprikapulver
etwas Pfeffer und Kümmel

— — — — —

100 g Butter

— — — — —

¼ l saurer oder süßer Rahm
1 Ei

Den Speck kleinwürfelig schneiden, mit den Gewürzen vermengen und kleine Kugerln formen.

Den Kartoffelteig zu einer Rolle formen, Stücke abschneiden, die Fülle damit umhüllen, Knödel formen. Jeden Knödel kurz in zerlassene Butter tauchen und locker nebeneinander in eine Kasserolle legen. Im Rohr bei mittlerer Hitze backen.

Wenn sie goldbraun sind, mit einem Gemisch von Rahm und Ei begießen und im Rohr stocken lassen.

Warmer Krautsalat oder Sauerkraut werden meist dazugegessen.

Gerichte für den kleinen Hunger

Liptauer Käse

250 g Brimsen
(weicher Schafkäse)
oder Gervais
250 g Butter
1 TL Paprikapulver
½ TL Kümmel-
pulver
1 TL Schnittlauch
1 EL Kapern
1 TL Senf
1 Sardelle

Kümmel, Schnittlauch, Kapern und Sardelle werden fein aufgehackt. In die schaumig gerührte Butter rührt man den Käse und die Gewürze gut ein.

Essigfleisch

1 Portion

200 g gekochtes, kaltes Rindfleisch
2 EL Rindsuppe
2 EL Essig
50 g Zwiebeln
1 EL Öl
ev. Salz
Pfeffer

Das Fleisch in dünne Scheiben schneiden, auf einen Teller legen. Warme, abgefettete Rindsuppe mit Essig vermischen, über das Fleisch geben, durchziehen lassen.

Zwiebeln in dünne Ringe schneiden, auf das Fleisch legen, Öl darübergeben, pfeffern, ev. nachsalzen.

Sehr gut schmeckt's mit steirischem Kürbiskernöl.

Auf dieselbe Art kann man kalte Semmelknödel, festen, schnittfähigen Topfen oder Wurst zubereiten.

Schwammerln mit Ei

500 g
Eierschwammerln
(Pfifferlinge)
50 g Butter
50 g Zwiebeln,
1 TL grüne
Petersilie,
beides feingehackt
1 TL Salz
etwas Pfeffer

— — — — —

2 Eier
grüne Petersilie

Die Pilze putzen, waschen, grob aufschneiden. Kleine Pilze nur halbieren. Zwiebeln in Butter hell anrösten, die Petersilie kurz aufschäumen lassen. Die Pilze dazugeben, bei starker Hitze rösten. Würzen.

Versprudelte Eier in die Pilze einrühren, stocken lassen.

Mit gehackter Petersilie bestreut servieren.

Notizen

Zuspeisen — Beilagen

Spätzle

300 g Mehl
1 TL Salz
1 Ei
1/8 l Wasser
— — — — — —
Salzwasser
— — — — — —
40 g Butter

Mehl, Ei, Salz und Wasser rasch in einer Schüssel zusammenrühren. Den Teig sofort durch ein Spätzlesieb in reichlich kochendes Salzwasser einkochen. Man kann sie auch dünn vom Brett schaben.

2 Minuten kochen lassen, abseihen, mit kaltem Wasser abschrecken und in heißer Butter schwenken.

Nockerln

300 g Mehl
1 TL Salz
50 g Butter, zerlassen
2 Eier
1/8 l Milch
— — — — —
Salzwasser
— — — — —
40 g Butter

Wie für die Spätzle alle Zutaten in einer Schüssel zusammenrühren, kurz abschlagen. Mit einem nassen Teelöffel kleine Nockerln vom Teig abstechen, ins kochende Salzwasser einlegen. 3-4 Minuten kochen lassen. In ein Sieb schütten, kalt abschwemmen und in heißer Butter schwenken.

Spätzle und Nockerln sind eine beliebte Beilage zu verschiedenen Fleischspeisen.

Erdäpfelschmarrn

800 g Kartoffeln
1 TL Salz
etwas Kümmel
50 g Fett
50 g Zwiebeln

Mehlige Kartoffeln in der Schale kochen, heiß schälen, blättrig aufschneiden. Mit Salz und Kümmel bestreuen.

In einer Pfanne in heißem Fett gehackte Zwiebeln goldgelb rösten, die Kartoffeln dazugeben und unter öfterem Wenden leicht braun anbraten.

Riebel

½ l Milch
½ l Wasser
1 TL Salz
170 g Weizengrieß
170 g Maisgrieß
— — — — —
50 g Butterschmalz
30 g Butter

Gewässerte, gesalzene Milch aufkochen, den Grieß unter ständigem Rühren einrieseln lassen, einmal aufkochen. Kalt werden lassen. Das Schmalz in einer Pfanne erhitzen, den Grieß hineingeben, zerkleinern und solange rösten, bis er goldgelb und bröselig ist. Oft wenden. Zum Schluß die Butter dazugeben.

Riebel ist ein Vorarlberger Nationalgericht. Man ißt ihn mit Milch, Kaffee oder Kompotten.

Heidensterz

400 g Heidenmehl
(Buchweizenmehl)
½ l Wasser
1 TL Salz
— — — — —
50 g Butter oder
Grammelschmalz

Das Heidenmehl bei schwacher Hitze solange rösten, bis kein Wasserdampf mehr aufsteigt. In einem Topf Salzwasser aufkochen, das Mehl auf einmal hineinschütten und kurz überkochen lassen. Mit einer Gabel auflockern, mit heissem Fett übergießen.

Heidensterz wird in der Steiermark und in Kärnten mit Milch, Kaffee, Rind- oder Schwammerlsuppe gegessen.

Polenta

1 l Wasser
2 EL Butter oder Schmalz
1 TL Salz
400 g Maisgrieß

Wasser, Fett und Salz aufkochen. Den Maisgrieß unter ständigem Rühren einlaufen lassen und solange kochen, bis sich die Masse von Gefäß und Löffel löst. Zugedeckt noch einige Zeit im Backrohr dünsten lassen.

Eine Form mit kaltem Wasser ausschwenken, den Brei fest hineindrücken und auf eine Platte stürzen.

Polenta ist eine beliebte Beilage zu Fleischspeisen, Soßen usw.

Schwammerlsoße

500 g beliebige Speisepilze
40 g Butter
50 g Zwiebeln
1 Knoblauchzehe
½ TL Majoran
— — — — —
1/8 l saurer Rahm
1 EL Mehl
1 TL grüne Petersilie, feingehackt
1 TL Salz
etwas Pfeffer

Die Pilze putzen, waschen, klein aufschneiden. Feingehackte Zwiebeln in Butter hellbraun rösten, aufgepreßten Knoblauch, Pilze, Majoran dazugeben, gardünsten.

Sauren Rahm mit Mehl versprudeln, zu den Pilzen geben, kurz verkochen und würzen.

Semmelknödel, Erdäpfelschmarrn oder Heidensterz schmecken gut dazu.

Gurkensoße

500 g Gurke
40 g Butter
1/8 l saurer Rahm
1 TL Mehl
1 TL Salz
1 TL Dillkraut, gehackt

Die Gurke blättrig oder würfelig schneiden, in Butter ca. 10 Minuten dünsten.

Mehl und Rahm versprudeln, zu den Gurken geben, einmal aufkochen, würzen.

Gute Beilage zu gekochtem Rindfleisch und Kartoffeln.

Dillsoße

40 g Butter
40 g Mehl
3/8 l Rindsuppe
10 EL Dillkraut
(2 Bündel)
1/8 l saurer Rahm
etwas Salz

Mehl in Butter hellbraun rösten, mit Suppe aufgießen, gut verkochen.

Fein aufgeschnittenes Dillkraut und sauren Rahm einrühren. Nicht mehr kochen. Nachwürzen.

Zu gekochtem Rindfleisch und Kartoffeln.

Schnittlauchsoße

3 Eier, hartgekocht
1 TL Senf
½ TL Salz
etwas Zucker
1 TL Zitronensaft
1/8 l Öl
2 Semmeln, altbacken
Essigwasser
4 EL Schnittlauch
4 EL saurer Rahm

Die Semmeln entrinden, in Essigwasser einweichen, gut ausdrücken, passieren.

Die Eidotter passieren, mit Senf, Zitrone und Salz gut vermischen. Das Öl in die Dottermasse einrühren. Semmeln, fein aufgeschnittenen Schnittlauch, passiertes, gekochtes Eiweiß, sauren Rahm einmengen, nachwürzen.

Gut zu gekochtem Rindfleisch.

Paradeissoße

750 g Tomaten
50 g Zwiebeln
1/8 l Wasser
1 Lorbeerblatt
— — — — —
40 g Butter
1 EL Zucker
40 g Mehl
½ TL Salz

Gewaschene, geviertelte Paradeiser mit blättrig geschnittenen Zwiebeln, Lorbeerblatt und wenig Wasser weichkochen (ca. 20 Min.) und passieren.

Mehl und Zucker in Butter goldbraun rösten, mit dem Paradeismark aufgießen, gut verkochen, nachwürzen.

Apfelkren

2 EL Kren (Meerrettich)
1 EL Essig
1 Prise Salz
1 TL Zucker
500 g Äpfel

Den Kren fein aufreiben, sofort mit Essig vermischen. Geschälte, rohe Äpfel dazureiben, würzen und gut verrühren.

Statt roher Äpfel kann man auch Apfelmus verwenden.

Semmelkren

4 Semmeln, altbacken
ca. 3/8 l Rindsuppe
Salz, Pfeffer, Muskat
4 EL Kren
1 EL Essig
1 TL Butter

Die Semmeln in sehr dünne Scheiben schneiden, mit kochender Rindsuppe übergießen, kurz aufquellen lassen.

Kren fein aufreiben, sofort mit Essig mischen. Den Kren unter die Semmeln rühren, nur einmal aufkochen, mit dem Schneebesen gut verrühren, würzen. Am Schluß die Butter dazugeben.

Typisch österreichische Beilagen zu gekochtem Rindfleisch.

Fisolen auf Wiener Art

750 g grüne Bohnen
— — — — —
40 g Butter
40 g Zwiebeln
1 Knoblauchzehe
40 g Mehl
2 EL Dillkraut,
1 TL grüne Petersilie,
beides feingehackt
1 TL Salz
1 TL Essig
etwas Pfeffer
1/8 l saurer Rahm

Die Bohnen in Stücke schneiden und kernig weich kochen.

Feingehackte Zwiebeln und Knoblauch in heißer Butter anlaufen lassen, das Mehl zugeben, alles hellbraun rösten. Mit soviel Fisolenkochwasser aufgießen, daß eine dicke Soße entsteht. Die Bohnen dazugeben, würzen und ziehen lassen.

Dillkraut, Petersilie und den versprudelten sauren Rahm zugeben. Nicht mehr kochen.

Kohlgemüse

500 g Kohl (Wirsing)
200 g Kartoffeln
1 TL Kümmel
2 Knoblauchzehen
1 Suppenwürfel
— — — — —
40 g Fett
40 g Mehl
1 EL Essig
etwas Salz
und Pfeffer

Kohl nudelig schneiden, Kartoffeln schälen und vierteln. Beides mit den Gewürzen und etwas Wasser weich kochen.

Mehl in Fett braun rösten. Diese Einbrenn mit dem Kohl gut verkochen lassen, würzen.

Diese Beilage paßt zu Fleisch und Würsten.

Kürbisgemüse

600 g Kürbis
1 TL Salz

— — — — —

40 g Fett
50 g Zwiebeln
1 TL Paprikapulver
1 EL Tomatenmark
1 EL Essig
1 TL Kümmel

— — — — —

1/8 l saurer Rahm
1 TL Mehl

Den Kürbis schälen, entkernen, nudelig aufschneiden, einsalzen.

Feingehackte Zwiebeln im Fett hellbraun rösten, Paprika zugeben, mit Essig ablöschen. Den leicht ausgedrückten Kürbis, Tomatenmark und Kümmel dazumischen und gardünsten.

Sauren Rahm mit Mehl versprudeln, mit dem Kürbisgemüse gut verkochen. Nachwürzen.

Sauerkraut

500 g Sauerkraut
5 Wacholderbeeren
1 TL Kümmel
1 Apfel
— — — — —
40 g Fett
40 g Zwiebeln
1 Knoblauchzehe
1 EL Mehl
etwas Salz

Das Sauerkraut mit dem geschälten, geviertelten Apfel, den Gewürzen und wenig Wasser oder Suppe dünsten.

Feingehackte Zwiebeln und Knoblauch im Fett anlaufen lassen, das Mehl dazugeben, braun rösten. Diese Einbrenn mit dem Kraut gut verkochen lassen. Nachwürzen.

Sauerkraut paßt gut zu Schweinefleischgerichten, Würsten, Knödeln und Erdäpfeln.

Gedünstetes Blaukraut

600 g Blaukraut
(Rotkohl)
2 EL Essig
— — — — —
40 g Fett
40 g Zwiebeln
1 EL Zucker
1 TL Salz
½ TL Kümmel
4 Gewürznelken
1 Apfel
1/8 l Rotwein
ev. einige Kastanien

Das Kraut feinnudelig aufschneiden, sofort mit Essig mischen, damit es seine Farbe behält.

Feingehackte Zwiebeln und Zucker im Fett hellbraun rösten. Das Kraut, Gewürze, den geschälten, blättrig geschnittenen Apfel oder Kastanien, Wein und etwas Wasser dazugeben und gardünsten.

Gute Beilage zu Wild, Geflügel, Braten oder Knödeln.

Paradeiskraut

500 g Weißkraut
250 g Tomaten
— — — — —
40 g Fett
40 g Zwiebeln
1 EL Zucker
1 TL Salz
1 TL Paprikapulver
½ TL Kümmel
— — — — —
1 TL Mehl
3 EL Wasser

Das Kraut feinnudelig aufschneiden, die Paradeiser schälen und vierteln.

Kleingehackte Zwiebeln mit Zucker im Fett goldbraun rösten. Kraut, Tomaten, Gewürze dazugeben, gar dünsten. Wenn nötig, etwas aufgießen.

Mehl mit kaltem Wasser glatt verrühren, zum Kraut geben, gut verkochen.

Schmeckt gut zu allen Kartoffelspeisen.

Erdäpfelsalat

750 g Kartoffeln
— — — — —
1/8 l Rindsuppe
oder
Essigwasser
— — — — —
50 g Zwiebeln
Essig,
Salz, Pfeffer
3 EL Öl

Die Kartoffeln kochen, heiß schälen, blättrig aufschneiden, mit heißer Suppe oder Essigwasser befeuchten. Noch warm fertigwürzen.

Wenn er kalt ist, erst kleingeschnittene Zwiebeln und Öl untermischen. Gut durchziehen lassen, nachwürzen.

Man kann unter den Salat fein aufgehackte frische Kräuter, Senf, sauren Rahm oder etwas Mayonnaise mischen.

Grüner Salat

2 Salatköpfe
— — — — —
4 EL Essig
1 TL Zucker
½ TL Salz
eine Spur Knoblauch
2 EL Öl

Den Salat putzen, waschen, zerteilen. In der Salatschüssel Essig und Gewürze vermischen, die Salatblätter darin gut durchziehen. Erst am Schluß das Öl daruntermengen.

Gut sind auch frische, feingehackte Kräuter, wie Schnittlauch, Petersilie, Borretsch, Estragon oder Dille, daruntergemischt.

In manchen Teilen Österreichs gibt man heiße, rasch abgebratene Speckwürfel auf den Salat.

Gurkensalat

500 g Gurken
1/8 l saurer Rahm
2 EL Essig
1 TL Salz
½ TL Kümmel
½ Knoblauchzehe

Den sauren Rahm in der Salatschüssel mit den Gewürzen vermischen. Die geschälten, blättrig geschnittenen Gurken einmengen.

Man kann den Salat mit Pfeffer oder Paprikapulver bestreuen oder gehacktes Dillkraut oder Estragon daruntermischen.

Rohnensalat

500 g Rohnen
(rote Beete)

— — — — — —

4 EL Essig
4 EL Wasser
½ TL Kümmel
und Anis
1 TL Salz
1 EL Zucker

— — — — — —

etwas Kren
1 TL Öl

Die roten Rüben waschen und garkochen. Noch heiß in kaltes Wasser legen, die Haut abstreifen und blättrig aufschneiden. Die heiße Marinade darüberseihen, kalt werden lassen.

Geriebenen Kren und Öl daruntermischen.
Gut durchziehen lassen.

Marinade:
verdünnten Essig mit allen Gewürzen aufkochen,
10 Minuten ziehen lassen.

Warmer Krautsalat

500 g Weißkraut
½ l Wasser
1 TL Kümmel
1 TL Salz

— — — — —

100 g Selchspeck
etwas Salz und Kümmel
6 EL Essig

Das feinnudelig aufgeschnittene Kraut mit kochendem Salz-Kümmelwasser übergießen. Kurze Zeit stehen lassen, abseihen.

Den kleinwürfelig geschnittenen Speck anrösten, mit Essig und den Gewürzen einmal aufkochen. Heiß über das Kraut schütten und gut vermischen.

Warme Mehlspeisen

Wie man einen Strudelteig macht

Glattes Mehl in eine Schüssel geben, mit gut lauwarmem Wasser, Öl, Essig und Salz zu einem Teig verrühren. Anschließend solange kneten, bis der Teig glatt und seidig ist. Auf einen bemehlten Teller legen, mit Öl bestreichen, mit einer warmen Schüssel zudecken und mindestens ½ Stunde rasten lassen.

Auf einem bemehlten Tuch den Teig ganz dünn ausziehen, die dicken Teigränder abschneiden. ¾ der Teigfläche mit Fülle belegen, das restliche Viertel und die Ränder mit Fett bestreichen. Die seitlichen Ränder einschlagen und den Strudel von der gefüllten Längsseite her zusammenrollen. Aufs befettete Blech legen, mit Fett bestreichen und im vorgeheizten Rohr auf der mittleren Schiene, bei mittlerer Hitze, je nach Dicke, ½ - 1 Stunde backen. Damit er knusprig wird, während des Backens öfter mit Fett bestreichen.

Strudel bringt man mit Zucker bestreut, noch warm zu Tisch.

Anstelle des selbstgemachten Strudelteiges kann man fertige Strudelblätter kaufen. Die Füllmengen reichen dann für 2 kleine Strudel.

Grundmenge: *200 g glattes Mehl*
ca. 8 EL warmes Wasser
½ TL Salz
1 EL Öl
½ TL Essig

Wiener Apfelstrudel

Fülle:
50 g Butter
100 g Semmelbrösel
1 kg Äpfel
80 g Zucker
1 TL Zimt
50 g Rosinen
50 g Nüsse, grobgehackt
¼ l saurer Rahm

— — — — —

50 g Butter zum Bestreichen

— — — — —

Zucker zum Bestreuen

Strudelteig:
Mengen und Zubereitung in der allgemeinen Anleitung.

Fülle:
Die Brösel in Butter kurz rösten und auskühlen. Die Äpfel schälen und dünnblättrig aufschneiden. Auf den ausgezogenen Strudelteig zuerst die gerösteten Brösel, dann Äpfel, Zucker, Zimt, Nüsse und Rosinen streuen. Der Rahm wird glattgerührt und darübergestrichen.

Mit Butter bestreichen, zusammenrollen, aufs befettete Blech legen und den Strudel ca. 45 Minuten backen.

Bezuckert servieren.

Topfenstrudel

Fülle:
100 g Butter
100 g Zucker
3 Eidotter
500 g Topfen, passiert
1 TL Zitronenschale
1 Vanillin
2 TL Stärkemehl
3 Eiklar Schnee
1 Prise Salz
50 g Rosinen

— — — — —

50 g Butter zum Bestreichen

— — — — —

¼ l Milch zum Begießen

— — — — —

Zucker zum Bestreuen

Strudelteig:

Mengen und Zubereitung in der allgemeinen Anleitung.

Fülle:

Butter, Zucker, Dotter gut flaumig rühren, Topfen, Gewürze, Stärkemehl einmengen, Eischnee unterziehen.

Den Strudel wie den Milchrahmstrudel zubereiten und backen. Er wird wie dieser mit Vanillemilch serviert.

Man kann ihn aber auch wie den Apfelstrudel auf dem Blech trocken, d. h. ohne mit Milch zu begießen, backen.

Milchrahmstrudel

Fülle:
4 alte Semmeln
¼ l Milch
100 g Butter
100 g Zucker
4 Eidotter
½ Zitrone,
Saft und Schale
1 Vanillin
¼ l saurer Rahm
100 g Topfen, fein
4 Eiklar Schnee
1 Prise Salz
50 g Rosinen

— — — — —

¼ l Milch zum Begießen

— — — — —

50 g Butter zum Bestreichen

— — — — —

Zucker zum Bestreuen

— — — — —

Strudelteig:

Mengen und Zubereitung in der allgemeinen Anleitung.

Fülle:

Die Semmeln entrinden, in Milch einweichen, gut ausdrücken, passieren.

Butter, Zucker, Dotter und Gewürze gut abrühren, Semmeln, Rahm, Topfen einmengen, den Eischnee unterziehen.

Diese Masse auf den ausgezogenen Strudelteig streichen, mit Rosinen bestreuen. Zusammenrollen, den Strudel in eine bebutterte Pfanne legen, mit Butter bestreichen und bei mittlerer Hitze im vorgeheizten Rohr ca. 45 Minuten backen.

Nach 20 Minuten Backzeit den Strudel mit kochender Milch übergießen, fertigbacken.

Vanillemilch:
½ l Milch
2 Eidotter
50 g Zucker
1 Vanillin
1 TL Stärkemehl

Alle Zutaten in einer Schüssel mischen und über Dampf mit einer Schneerute schaumigschlagen.

Er wird warm, mit Zucker bestreut, mit Vanillemilch gegessen.

Die Strudel werden häufig, da sie sehr ausgiebig sind, als Hauptgericht gegessen. Dann gibt man eine sättigende Suppe, wie z. B. Gemüse- oder Kartoffelsuppe vorher.

Obstknödel

Die Mengenangaben verstehen sich für 4 Personen als Hauptgericht oder für 10 Personen als Nachtisch.

Kartoffelteig:
1 kg Kartoffeln
1 TL Salz
250 g Topfen, passiert
100 g Grieß
150 g Mehl
2 Eier

— — — — —

ca. 1 kg Früchte (Marillen, Zwetschken, Kirschen, Heidelbeeren)
ev. 100 g Würfelzucker

— — — — —

100 g Butter
100 g Semmelbrösel

— — — — —

Zucker zum Bestreuen

Die Kartoffeln in der Schale kochen, heiß schälen, aufpressen. Salz, Grieß und Topfen darauf verteilen. Wenn alles kalt ist, das Mehl locker daruntermischen und mit den Eiern rasch zusammenkneten. Aus dem Teig eine Rolle formen. Stücke abschneiden, leicht auseinanderdrücken, die Frucht damit umhüllen, Knödel formen. Steinobst vorher entkernen, den Stein durch Würfelzucker ersetzen.

Die Knödel in reichlich kochendes Salzwasser einlegen, 10 Minuten ziehen lassen, herausnehmen, in mit Butter gerösteten Bröseln wälzen. Nach Geschmack anzuckern, sofort servieren.

Reisauflauf

½ l Milch
¼ TL Salz
100 g Reis

— — — — —

50 g Butter
50 g Zucker
2 Eidotter
½ Zitrone,
Saft und Schale
1 Vanillin
50 g Rosinen
2 Eiklar Schnee

— — — — —

Butter und Brösel
für die Form

Den Reis in gesalzener Milch kernigweich kochen und erkalten lassen.

Butter, Dotter, Zucker, Gewürze schaumig rühren, Reis und Rosinen einmengen, den Eischnee unterziehen.

In eine befettete, ausgebröselte Auflaufform füllen, bei mittlerer Hitze ca. 45 Minuten im Rohr backen.

Der Auflauf wird sehr saftig, wenn man 250 g Topfen in die Masse einrührt.

Dazu passen: Himbeersaft, rohes Fruchtmark oder Kompott.

Kaiserschmarrn

6 Eidotter
1 Prise Salz
ca. ¼ l Milch
oder Obers
150 g Mehl
6 Eiklar Schnee
50 g Zucker

— — — — — —

50 g Butter
50 g Rosinen

— — — — — —

Zucker zum
Bestreuen

Dotter, Mehl, Salz und Milch zu einem dickflüssigen Teig verrühren. In den steifen Eischnee den Zucker löffelweise einschlagen. Alles unter den Teig ziehen.

In einer Pfanne Butter erhitzen, den Teig eingießen, zudecken, anbacken lassen. Die Rosinen daraufstreuen, umdrehen und fertigbacken. Die Kochplatte darf nicht zu heiß sein!

In kleine Stücke reißen, kurz ausdünsten lassen. Anrichten, leicht anzuckern und sofort zu Tisch bringen.

Ein beliebiges Kompott oder Zwetschkenröster passen dazu.

Palatschinken

12 Stück

150 g Mehl
¼ l Milch oder
1/8 l Obers,
1/8 l Milch
2 Eier
2 Eidotter
¼ TL Salz
1 TL Zucker

— — — — —

Butterschmalz zum Backen

— — — — —

Marmelade zum Füllen

— — — — —

Zucker zum Bestreuen

Alle Zutaten zu einem dünnflüssigen glatten Teig zusammenrühren. In der Omelettenpfanne etwas Fett gut heiß werden lassen und soviel Teig hineingießen, daß der Boden dünn bedeckt ist.

Bei mäßiger Hitze eine Seite hellbraun backen, wenden, die 2. Seite backen.

Die fertigen Palatschinken übereinandergelegt warmstellen.

Wenn alle gebacken sind, werden sie mit Marmelade gefüllt und leicht angezuckert aufgetragen.

Salzburger Nockerln

3 Portionen

7 Eiklar
1 Prise Salz
2 EL feinen Kristallzucker
1 Vanillin
4 Eidotter
2 EL glattes Mehl

— — — — —

1 TL Butter
1/8 l Milch

— — — — —

Zucker zum Bestreuen

Eiklar mit Salz zu einem festen Schnee schlagen, Zucker und Vanillin einschlagen. Eidotter und Mehl vorsichtig unterziehen.

In einer niedrigen Auflaufschüssel Butter heiß machen, die Milch dazugießen. Den Teig in drei großen Nocken einlegen.

Bei mittlerer Hitze ca. 10 Minuten im Rohr backen. Bezuckern und sofort auftragen.

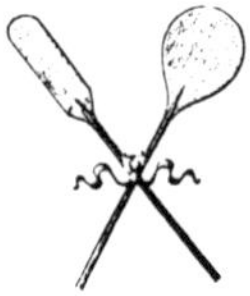

Besoffene Lisl

4 Eiklar
120 g Zucker
4 Eidotter
120 g Semmelbrösel
1 EL Mehl
40 g Haselnüsse,
40 g Koch-schokolade,
beides gerieben
½ TL Zimt
¼ TL Nelkenpulver
¼ TL Backpulver

— — — — —

Butter und geriebene Haselnüsse für die Form

— — — — —

¼ l Glühmost oder Glühwein

— — — — —

¼ l Schlagobers

Eiklar zu steifen Schnee schlagen, Zucker löffelweise einschlagen, Eidotter einrühren. Alle trockenen Zutaten gut vermischen und in die Schaummasse einziehen.

Eine Guglhupfform mit Butter ausstreichen und Haselnüssen bestreuen. Die Masse einfüllen und im Rohr bei mittlerer Hitze backen. Aus der Form stürzen und mit heißem Glühmost oder -wein übergießen.

Steifgeschlagenen Obers dazu servieren.

Glühmost oder -wein:
den Most mit etwas Zimtrinde, Nelken, Zitronenschale und Zucker nach Geschmack heiß machen, aber nicht kochen.

Ein beliebter Nachtisch bei Hochzeiten auf dem Land.

Mohr im Hemd

100 g Butter
100 g Zucker
6 Eidotter
100 g Schokolade,
100 g Mandeln,
beides gerieben
100 g feine
Semmelbrösel
6 Eiklar Schnee

— — — — —

Butter und
Staubzucker
für die Form

— — — — —

Schokoladesoße:
100 g Schokolade
100 g Zucker
3/16 l Wasser

— — — — —

¼ l Schlagobers

Butter, die halbe Zuckermenge, Dotter schaumig rühren. Schokolade, Mandeln und Brösel gut vermischen. In den steifen Eischnee den restlichen Zucker löffelweise einschlagen. Die trockenen Zutaten abwechselnd mit dem Eischnee unter die Schaummasse ziehen.

Die Masse in eine bebutterte, mit Zucker ausgestreute Puddingform füllen und im Wasserbad 1 Stunde kochen.

Herausstürzen, mit Schokoladesoße überziehen und mit steifem Schlagobers zu Tisch bringen.

Schokoladesoße: Schokolade in Stücke brechen, mit kaltem Wasser und Zucker zustellen. Aufkochen, gut verrühren, noch weitere 5 Minuten einkochen. Sofort heiß verwenden.

Kalte Mehlspeisen und Nachtische

Reindling

Germteig:
500 g Mehl
1 P. Trockenhefe
oder 20 g Frischhefe
80 g Butter
¼ l Milch
1 Ei
50 g Zucker
1 TL Salz
½ TL Anis

— — — — —

Fülle:
50 g Butter
100 g Zucker
2 EL Zimt
100 g Rosinen

— — — — —

50 g Butter
für die Form

Mehl in eine Schüssel sieben, Trocken- oder Frischhefe hineinbröseln, Zucker, Salz, Anis daruntermengen. Die Butter zerlassen, Milch dazuschütten, das Ei darin versprudeln. Die Flüssigkeit ins Mehl rühren, den Teig gut abschlagen.

An einem warmen Ort auf doppelte Höhe aufgehen lassen.

Den Teig auf ein gut angemehltes Brett geben, zusammenkneten, eine Rolle formen, 1 cm dick ausrollen.

Mit zerlassener Butter bestreichen, Zucker, Zimt und Rosinen bestreuen. Den Teig fest zusammenrollen, in eine gut mit Butter bestrichene Kasserolle legen. Ins kalte Backrohr schieben, bei ca. 160° C hellbraun backen.

Im Rohr etwas auskühlen lassen, aus der Form stürzen.

In Kärnten ist Reindling das Gebäck zum Kaffee. Zu Ostern ißt man ihn mit kaltem Schinken.

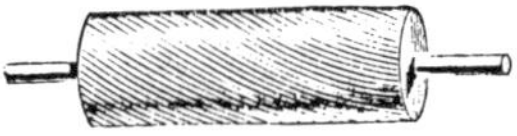

Gebackene Mäuse

Germteig:
500 g Mehl
1 P. Trockenhefe
oder 30 g Frischhefe
50 g Zucker
1 TL Salz
50 g Butter
¼ l Milch
2 Eier
3 EL Rum
100 g Weinbeeren
(Korinthen)

— — — — —

Backfett

— — — — —

Zucker zum
Bestreuen

Aus den Zutaten macht man einen Germteig (siehe Reindling). Die Korinthen in den Teig einmischen. Wenn er gut aufgegangen ist, mit einem Eßlöffel kleine Nockerln abstechen. Ins heiße Backfett legen und rundherum goldbraun backen. Abtropfen lassen und leicht anzuckern.

Man ißt sie zu Kaffee oder Kompott.

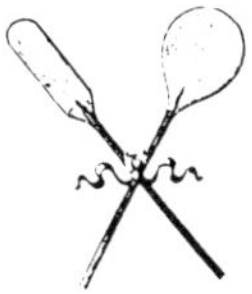

Buchteln

Germteig:
500 g Mehl
30 g Hefe
60 g Zucker
1 Vanillin
1 TL Zitronenschale
1 TL Salz
100 g Butter
knapp ¼ l Milch
1 EL Rum
3 Eidotter

— — — — —

250 g Marmelade

— — — — —

100 g Butter

— — — — —

1 Vanillin und
Zucker zum
Bestreuen

Einen Germteig zubereiten (siehe Reindling).

Nach dem Aufgehen auf dem gut bemehlten Brett durchkneten, rechteckig, 1 cm dick ausrollen. Quadrate von ca. 6 cm Seitenlänge ausradeln. Auf jedes Teigstück in die Mitte 1 TL Marmelade setzen. Die Ränder zusammenfassen, gut verschließen.

Jedes Teigbällchen in zerlassene Butter tauchen und dicht nebeneinander in eine Pfanne setzen. Nochmals aufgehen lassen.

Bei mittlerer Hitze ca. ½ Std. backen. Aus der Pfanne stürzen, mit vanilliertem Zucker bestreuen und auseinanderlösen.

Man ißt sie zum Kaffee oder mit Vanillemilch (siehe Milchrahmstrudel).

Marmorkuchen

200 g Butter
150 g Zucker
1 EL Rum
1 Vanillin
3 Eier
100 g Stärkemehl
250 g Mehl
1 Backpulver
1/8 l Milch oder saurer Rahm
100 g Schokolade oder 3 EL Kakao
4 EL Milch

— — — — —

Fett und Mehl für die Form

Butter, Zucker, Eier, Gewürze schaumig rühren. Mehl, vermischt mit Backpulver, und die Milch einmengen. Die Hälfte des Teiges in eine andere Schüssel geben. Schokolade in heißer Milch auflösen, Kakao mit lauwarmer Milch abrühren, in eine Hälfte einrühren.

In eine befettete, bemehlte Form abwechselnd dunklen und hellen Teig einfüllen. Mit einer Gabel leicht durchziehen.

Bei mittlerer Hitze ca. 1 Std. backen.

Überkühlt aus der Form stürzen, leicht anzuckern.

Kaiserguglhupf

140 g Butter
140 g Zucker
4 Eidotter
8 EL Milch, lauwarm
1 Vanillin
1 TL Zitronenschale, feingehackt
1 EL Rum
280 g Mehl
1 TL Backpulver
50 g Rosinen
4 Eiklar Schnee

— — — — —

Butter und Mehl für die Form

Butter, Zucker, Eidotter und Gewürze gut schaumig rühren. Nach und nach Milch, Mehl, vermischt mit Backpulver und Rosinen, einrühren. Den steifen Eischnee darunterziehen.

In eine gut bebutterte, bemehlte Guglhupfform füllen, bei mittlerer Hitze hellbraun backen.

Überkühlt aus der Form stürzen, leicht überzuckern und erst aufschneiden, wenn er ganz kalt ist.

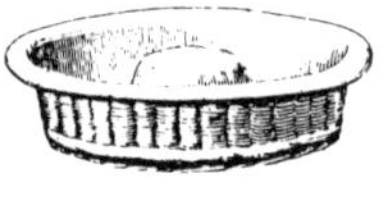

Brauner Kirschkuchen

200 g Butter
150 g Zucker
4 Eidotter
1 EL Rum
1 Vanillin
1 EL saurer Rahm
200 g Mehl
150 g Mandeln,
150 g Schokolade,
beides gerieben
4 Eiklar Schnee
1 Prise Salz
50 g Zucker

— — — — —

1 kg Kirschen
etwas Mehl

— — — — —

Fett und Mehl
für das Blech

— — — — —

Zucker zum
Bestreuen

Butter, Zucker, Dotter, Gewürze, Rahm schaumig rühren. Mehl mit Mandeln und Schokolade vermischen. In den steifen Schnee den restlichen Zucker löffelweise einschlagen. Das Mehlgemisch und den Schnee in die Schaummasse einziehen. Fingerhoch auf ein vorgerichtetes Blech streichen, mit Kirschen bestreuen und bei guter Hitze ca. ½ Stunde im Rohr backen. Ausgekühlt mit Zucker bestreuen.

Die Kirschen entstielen, waschen, trocknen und in Mehl wälzen.

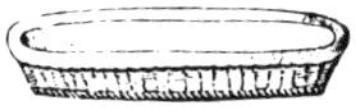

Nußrolle

4 Eidotter
100 g Zucker
120 g Walnüsse, gerieben
1 EL Mehl
4 Eiklar Schnee
1 Prise Salz
2 EL Zucker

— — — — —

Fülle:
¼ l Schlagobers
1 Vanillin

— — — — —

Zucker zum Bestreuen

— — — — —

Backpapier

Eidotter und Zucker sehr gut schaumig rühren. Nüsse und Mehl vermischen. Das Eiklar mit Salz zu einem festen Schnee schlagen, den restlichen Zucker einschlagen. Nüsse und Eischnee abwechselnd in die Dottermasse einziehen.

Ein Backblech mit Backpapier auslegen, die Masse fingerhoch darauf verteilen. Bei guter Hitze hellbraun backen (15 Minuten).

Mit dem Papier einrollen, kalt werden lassen. Das Papier abziehen, das Nußbiskuit mit steifgeschlagenem, vanilliertem Schlagobers füllen, einrollen, leicht anzuckern.

Schokoladerolle

6 Eidotter
80 g Zucker
50 g Mandeln, gerieben
120 g Schokolade
6 Eiklar Schnee
1 Prise Salz
1 EL Zucker

— — — — —

¼ l Schlagobers
1 Vanillin

— — — — —

Zucker zum Bestreuen

— — — — —

Backpapier

Die Schokolade erweichen, am besten über einem nicht zu heißen Wasserbad.

Eidotter und Zucker schaumig rühren, die Schokolade einrühren. In den steifen Eischnee den restlichen Zucker einschlagen. Mandeln und Eischnee locker unter die Dottermasse ziehen.

Die Masse 1 cm hoch auf ein mit Backpapier ausgelegtes Blech streichen. Bei guter Hitze im vorgeheizten Rohr backen (ca. 15 Minuten).

Noch heiß einrollen, auskühlen lassen, das Papier abziehen. Mit steifgeschlagenem, vanilliertem Schlagobers füllen, zusammenrollen, leicht bezuckern.

Linzer Torte

200 g Mehl
120 g Butter
120 g Walnüsse, gerieben
100 g Zucker
1 TL Zimt
2 Messerspitzen Nelkenpulver
½ TL Zitronenschale
1 EL Zitronensaft
1 - 2 EL süßer Rahm
1 Ei
1 Eidotter

— — — — —

1 Eiklar zum Bestreichen
1 EL Mandelblättchen

— — — — —

250 g Ribiselmarmelade

Butter ins Mehl schneiden, fein abbröseln. Alle trockenen Zutaten gut einmengen, mit Eiern, Rahm, Zitronensaft rasch zu einem Teig verkneten. ¾ des Teiges rund ausrollen, in eine Tortenform (18 cm) geben, mit Marmelade bestreichen. Aus dem restlichen Teig Röllchen formen. Damit den Rand bilden und ein Gitter auf den Teigboden legen. Das Gitter mit Eiklar bestreichen, mit Mandelblättchen bestreuen. Die Torte bei mittlerer Hitze ca. 50 Minuten backen.

Die fertige Torte unbedingt 1 Tag zugedeckt abliegen lassen.

Nußtorte

7 Eidotter
100 g Zucker
160 g Walnüsse, gerieben
1 EL Mehl
7 Eiklar Schnee
1 Prise Salz
60 g Zucker

— — — — —

4 EL Rum

— — — — —

100 g Ribiselmarmelade

— — — — —

½ l Schlagobers

— — — — —

Nußkerne zum Verzieren

— — — — —

Fett und Mehl für die Form

Dotter und Zucker sehr gut schaumig rühren. Eiklar und Salz zu steifem Schnee schlagen, den restlichen Zucker löffelweise einschlagen. Nüsse, vermischt mit Mehl und den Eischnee in die Schaummasse rühren. Den Teig in die vorgerichtete Tortenform (18 cm) einfüllen, bei mittlerer Hitze im Rohr ca. 1 Stunde backen. Das Backrohr leicht vorheizen.

Von der ausgekühlten Torte einen 2 cm dicken Deckel abschneiden und die Torte aushöhlen. Das Ausgehöhlte grob aufbröseln, mit Rum und der Hälfte des steifgeschlagenen Obers vermischen, wieder in die Torte einfüllen. Den Deckel aufsetzen. Die Torte außen zuerst dünn mit Marmelade, dann mit steifem Schlagobers bestreichen. Mit Obers und Nußkernen verzieren.

Sachertorte

140 g Butter
120 g Zucker
180 g Schokolade
8 Eidotter
140 g Mehl
8 Eiklar Schnee
40 g Zucker
— — — — —
100 g Marillen-marmelade
— — — — —
Butter und Mehl für die Form
— — — — —
Schokoladeglasur:
200 g Kristallzucker
1/8 l Wasser
150 g Schokolade
1 TL Butter

Die Schokolade im Wasserbad erweichen. In den steifen Eischnee Zucker löffelweise einschlagen.

Butter und Zucker schaumigrühren, zuerst die Schokolade, dann die Eidotter einzeln nach und nach einrühren. Mehl und Eischnee vorsichtig einmengen. In einer vorgerichteten Tortenform (18 cm) die Torte auf der untersten Schiene bei 150° C 1 ½ Stunden backen.

Im Rohr etwas auskühlen lassen, auf ein Gitter stürzen. Ganz erkaltet zuerst mit heißer Marmelade, dann mit Glasur überziehen.

Schokoladeglasur: die Schokolade mit Butter im Wasserbad erweichen. Zucker und Wasser bis zum »Faden« kochen. »Faden« = ein ausgekühlter Zuckertropfen, läßt sich zwischen zwei Fingern zu einem kurzen Faden ziehen. Das heiße Zuckerwasser löffelweise in die glattgerührte Schokolade einrühren. Sofort heiß glasieren.

Topfentorte

3 Eier
90 g Zucker
½ TL Zitronenschale
90 g Mehl
1 Messerspitze Backpulver
20 g Butter
— — — — —
Creme:
500 g Topfen (Quark)
2 Zitronen, Saft
1 TL Zitronenschale
100 g Zucker
1 Vanillin
3 Blatt Gelatine
¼ l Schlagobers

Biskuitboden:
ganze Eier mit Zucker über einem warmen Wasserbad dickschaumig schlagen.

Mehl, vermischt mit Backpulver und die zerlassene Butter einziehen.

Die Masse in eine befettete, bemehlte Tortenform (22 cm) füllen und bei mittlerer Hitze (ca. 20 Minuten) im Rohr backen.

Den Tortenboden ganz kalt werden lassen, die Creme darauf verteilen und im Kühlschrank stocken lassen.

Creme: die Gelatine in kaltem Wasser einweichen, gut ausdrücken und mit 2 EL warmem Wasser auflösen. Den passierten Topfen mit Zucker, Vanillin und Zitrone gut abrühren. Die Gelatine einrühren, das steifgeschlagene Obers unterziehen.

Topfentascherln

150 g Butter
150 g Mehl
150 g Topfen
(Quark) passiert
¼ TL Salz

— — — — —

100 g Marmelade

— — — — —

1 Eiklar zum
Bestreichen

— — — — —

Zucker zum
Bestreuen

Das Mehl auf ein Brett geben, die kalte Butter in dünnen Scheiben hineinschneiden und gut abbröseln. Topfen und Salz daruntermischen, rasch zu einem Teig zusammenkneten.

1 Stunde kalt rasten lassen. 2 mm dick ausrollen, Quadrate von 8 cm Seitenlänge ausradeln. In die Mitte eines jeden Teigblattes einen TL Marmelade setzen. Die Ränder mit Eiklar bestreichen, zu Tascherln zusammenschlagen. Nochmals mit Klar bestreichen, auf dem Blech im vorgeheizten Rohr bei guter Hitze backen.

Leicht anzuckern und lauwarm servieren.

Mit gehacktem Schinken gefüllt, sind die Tascherln ein beliebtes Teegebäck.

Vanillekipferln

200 g Butter
250 g Mehl
100 g Mandeln, geschält, gerieben
1 Vanillin
50 g Zucker
1 Eidotter

— — — — —

100 g Zucker
1 Vanillin

Die kalte Butter ins Mehl schneiden, rasch abbröseln. Alle trockenen Zutaten gut daruntermischen und mit dem Dotter rasch zu einem Teig kneten. ½ Stunde kalt rasten lassen. Rollen formen, kleine Stücke abschneiden, daraus Kipferln machen. Aufs Blech legen, bei mittlerer Hitze hellbraun backen.

Nach leichtem Überkühlen in vanilliertem Zucker wälzen.

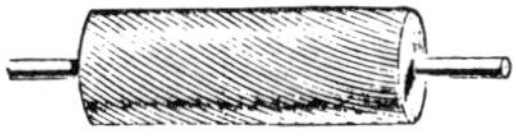

Ischler Törtchen

250 g Butter
250 g Mehl
120 g Mandeln, geschält, gerieben
120 g Zucker
1 Messerspitze Zimt
1 EL Zitronensaft

— — — — —

200 g Marillen- oder Ribiselmarmelade

— — — — —

Zucker zum Bestreuen

Die Butter ins Mehl schneiden, rasch abbröseln. Alle trockenen Zutaten daruntermengen, mit Zitronensaft rasch zu einem Teig verkneten. ½ Stunde kalt rasten lassen. 2 mm dick ausrollen, zu Scheiben von ca. 5 cm Durchmesser ausstechen. In jeder 2. Scheibe 3 kleine Löcher ausstechen. Bei mittlerer Hitze hellbraun backen.

Die durchlochten Scheiben nach kurzem Überkühlen anzuckern. Mit den ganzen Scheiben mit Marmelade zusammensetzen.

Lebkuchen

100 g Honig
4 Eier
400 g Zucker
1 EL Zimt
je ½ TL Ingwer, Kardamom, Nelkenpulver, Piment
1 Messerspitze Muskat
1 TL Zitronenschale
1 Zitrone Saft
50 g Mandeln, gerieben
600 g Roggenmehl
1 ½ TL Natron

— — — — —

1 Ei zum Bestreichen

— — — — —

Mandeln zum Belegen
beliebige Glasuren

— — — — —

Wachs für das Blech

Eier mit Honig, Zucker und Gewürzen gut abrühren. Mehl, vermischt mit Natron, daruntermengen und rasch zu einem Teig verkneten. Den Teig ca. 6 mm dick ausrollen und zu beliebigen Formen ausstechen. Mit Ei bestreichen, eventuell mit geschälten, halbierten Mandeln belegen. Auf einem mit Wachs bestrichenen Blech bei starker Hitze schön braun backen.

Man kann die erkalteten Lebkuchen mit Zuckerglasur verzieren.

Zuckerglasur:

300 g Zucker mit ½ Eiklar und soviel kochend heißem Wasser verrühren (ca. 4 EL), daß eine dicke, weiße Glasur entsteht.

Schneenockerln

4 Eiklar
150 g Zucker
— — — — —
¾ l Milch
½ Vanillin
— — — — —
Vanillesoße:
½ l Milch
1 TL Stärkemehl
100 g Zucker
½ Vanillin
— — — — —
2 Eidotter
4 EL Obers
— — — — —
1/8 l Schlagobers

Eiklar zu steifem Schnee schlagen, den Zucker löffelweise fest einschlagen.

Milch mit Vanillezucker fast zum Kochen bringen.

Mit 2 Eßlöffeln Nockerln (8 Stück) formen. In die Milch einlegen und auf jeder Seite 2 Minuten ziehen lassen. Herausnehmen und abtropfen lassen.

Vanillesoße:
die Milch abseihen, etwas davon wegnehmen und ausgekühlt mit dem Stärkemehl glattrühren. Die restliche Milch mit Zucker und Vanillin aufkochen, das aufgelöste Stärkemehl mit dem Schneebesen einrühren, aufkochen lassen.

Eidotter und flüssiges Obers glattrühren, in die überkühlte Vanillesoße einschlagen. Kalt werden lassen.

Jeweils 2 Nockerln auf einem Teller anrichten, mit Vanillesoße überziehen und steifgeschlagenem Obers garnieren.

Inhaltsverzeichnis

ANDERE, TYPISCH ÖSTERREICHISCHE HAUPTSPEISEN

GERICHTE FÜR DEN KLEINEN HUNGER

ZUSPEISEN — BEILAGEN

WARME MEHLSPEISEN

KALTE MEHLSPEISEN UND NACHTISCHE